Made in the USA
Columbia, SC
10 December 2019

84674600R00067